AF194481

Impressum
Verlag: BABADADA GmbH, Nedderfeld 112 , 22529 Hamburg
Geschäftsführer / Verlagsleitung: Harald Hof
Druck: Books on Demand GmbH, In de Tarpen 42, 22848 Norderstedt

Imprint
Publisher: BABADADA GmbH, Nedderfeld 112 , 22529 Hamburg, Germany
Managing Director / Publishing direction: Harald Hof
Print: Books on Demand GmbH, In de Tarpen 42, 22848 Norderstedt

教室
das Klassenzimmer

除
dividieren

186/2

黑板
die Tafel

校園
der Schulhof

老師
der Lehrer

紙
das Papier

書寫
schreiben

筆
der Stift

辦公桌
der Schreibtisch

直尺
das Lineal

書
das Buch

學生
die Schüler

書包
der Ranzen

鉛筆盒
die Federmappe

鉛筆
der Bleistift

削鉛筆機
der Bleistiftanspitzer

橡皮擦
das Radiergummi

畫板
der Zeichenblock

圖畫
die Zeichnung

畫筆
der Pinsel

顏料盒
der Malkasten

剪刀
die Schere

膠水
der Klebstoff

練習冊
das Übungsheft

家庭作業
die Hausaufgabe

12

數字
die Zahl

2+2

加
addieren

5-2

減
subtrahieren

2×2

乘
multiplizieren

計算
rechnen

A

字母
der Buchstabe

ABCDEFG
HIJKLMN
OPQRSTU
VWXYZ

字母表
das Alphabet

hello

字
das Wort

課文

der Text

讀

lesen

粉筆

die Kreide

上課

die Stunde

登記

das Klassenbuch

考試

die Prüfung

證書

das Zeugnis

校服

die Schuluniform

教育

die Ausbildung

百科全書

das Lexikon

大學

die Universität

顯微鏡

das Mikroskop

地圖

die Karte

廢紙簍

der Papierkorb

飯店
das Hotel

青年旅社
die Herberge

外幣兌換處
die Wechselstube

手提箱
der Koffer

汽車
das Auto

語言
die Sprache

是/否
ja / nein

好的
Okay

您好
Hallo

翻譯人員
der Übersetzer

謝謝
Danke

……多少錢？

Was kostet…?

我不明白

Ich verstehe nicht

問題

das Problem

晚上好！

Guten Abend!

早上好！

Guten Morgen!

晚安！

Gute Nacht!

再見

Auf Wiedersehen

方向

die Richtung

行李

das Gepäck

包

die Tasche

背包

der Rucksack

客人

der Gast

房間

das Zimmer

睡袋

der Schlafsack

帳篷

das Zelt

旅行資訊
die Touristeninformation

海灘
der Strand

信用卡
die Kreditkarte

早餐
das Frühstück

午餐
das Mittagessen

晚餐
das Abendessen

票
die Fahrkarte

電梯
der Fahrstuhl

郵票
die Briefmarke

邊界
die Grenze

海關
der Zoll

大使館
die Botschaft

簽證
das Visum

護照
der Pass

飛機
das Flugzeug

船
das Schiff

消防車
das Feuerwehrauto

公車
der Bus

卡車
der Lastwagen

汽艇
das Motorboot

腳踏車
das Fahrrad

汽車
das Auto

渡輪

die Fähre

小船

das Boot

機車

das Motorrad

警車

das Polizeiauto

賽車

das Rennauto

租車

der Mietwagen

拼車

das Carsharing

拖車

der Abschleppwagen

垃圾車

das Müllauto

馬達

der Motor

汽油

der Kraftstoff

加油站

die Tankstelle

交通標識

das Verkehrsschild

交通

der Verkehr

交通堵塞

der Stau

停車場

der Parkplatz

火車站

der Bahnhof

軌道

die Schienen

火車

der Zug

路面電車

die Straßenbahn

客車廂

der Wagon

交通運送 - der Transport

直升機

der Helikopter

機場

der Flughafen

塔

der Tower

乘客

der Passagier

集裝箱

der Container

紙板箱

der Karton

手推車

der Karren

籃子

der Korb

起飛/降落

starten / landen

城市
die Stadt

村莊

das Dorf

市中心

das Stadtzentrum

房子

das Haus

電影院
das Kino

廣告
die Werbung

路燈
die Straßenlaterne

街道
die Straße

計程車
das Taxi

小吃店
der Kiosk

行人
der Fußgänger

人行道
der Bürgersteig

斑馬線
der Zebrastreifen

垃圾箱
die Mülltonne

十字路口
die Kreuzung

紅綠燈
die Ampel

小屋
die Hütte

公寓
die Wohnung

火車站
der Bahnhof

市政廳
das Rathaus

博物館
das Museum

學校
die Schule

大學

die Universität

銀行

die Bank

醫院

das Krankenhaus

飯店

das Hotel

藥房

die Apotheke

辦公室

das Büro

書店

die Buchhandlung

商店

das Geschäft

花店

der Blumenladen

超市

der Supermarkt

市場

der Markt

百貨商店

das Kaufhaus

魚店

der Fischhändler

購物中心

das Einkaufszentrum

海港

der Hafen

公園

der Park

長凳

die Bank

橋

die Brücke

樓梯

die Treppe

捷運

die U-Bahn

隧道

der Tunnel

公車站

die Bushaltestelle

酒吧

die Bar

餐館

das Restaurant

郵筒

der Briefkasten

路標

das Straßenschild

停車計時器

die Parkuhr

動物園

der Zoo

游泳池

die Badeanstalt

清真寺

die Moschee

農場

der Bauernhof

污染

die Umweltverschmutzung

墓地

der Friedhof

教堂

die Kirche

操場

der Spielplatz

寺廟

der Tempel

地形
die Landschaft

樹葉
das Blatt

指示牌
der Wegweiser

路
der Weg

草地
die Wiese

石頭
der Stein

樹
der Baum

徒步旅行者
der Wanderer

河
der Fluss

草
das Gras

花
die Blume

峽谷

das Tal

丘陵

der Berg

湖

der See

森林

der Wald

沙漠

die Wüste

火山

der Vulkan

城堡

das Schloss

彩虹

der Regenbogen

蘑菇

der Pilz

棕櫚樹

die Palme

蚊子

der Moskito

蒼蠅

die Fliege

螞蟻

die Ameise

蜜蜂

die Biene

蜘蛛

die Spinne

甲蟲

der Käfer

青蛙

der Frosch

松鼠

das Eichhörnchen

刺蝟

der Igel

野兔

der Hase

貓頭鷹

die Eule

鳥

die Vogel

天鵝

der Schwan

野豬

das Wildschwein

鹿

der Hirsch

麋鹿

der Elch

水壩

der Staudamm

風力發電機

das Windrad

太陽能電池板

das Solarmodul

氣候

das Klima

服務生
der Kellner

菜譜
die Speisekarte

椅子
der Stuhl

披薩餅
die Pizza

湯
die Suppe

餐具
das Besteck

桌布
die Tischdecke

前菜
die Vorspeise

主菜
das Hauptgericht

甜點
die Nachspeise

飲料
die Getränke

食物
das Essen

瓶子
die Flasche

速食

das Fastfood

街邊小吃

das Streetfood

茶壺

die Teekanne

糖盒

die Zuckerdose

一份飯菜

die Portion

義式咖啡機

die Espressomaschine

高腳椅

der Hochstuhl

帳單

die Rechnung

托盤

das Tablett

刀

das Messer

餐叉

die Gabel

勺子

der Löffel

茶匙

der Teelöffel

餐巾

die Serviette

玻璃杯

das Glas

碟子
der Teller

湯盤
der Suppenteller

碟子
die Untertasse

醬
die Sauce

鹽瓶
der Salzstreuer

胡椒研磨罐
die Pfeffermühle

醋
der Essig

食用油
das Öl

調味料
die Gewürze

番茄醬
das Ketchup

芥末
der Senf

美乃滋
die Mayonnaise

特價
das Angebot

顧客
der Kunde

乳製品
die Milchprodukte

水果
das Obst

購物車
der Einkaufswagen

肉鋪
die Schlachterei

麵包店
die Bäckerei

稱重
wiegen

蔬菜
das Gemüse

肉
das Fleisch

冷凍食品
die Tiefkühlkost

冷盤

der Aufschnitt

罐頭食品

die Konserven

洗衣粉

das Waschmittel

甜食

die Süßigkeiten

日用品

die Haushaltsartikel

清潔用品

das Reinigungsmittel

銷售員

die Verkäuferin

收銀機

die Kasse

收銀員

der Kassierer

購物清單

die Einkaufsliste

開放時間

die Öffnungszeiten

錢包

die Brieftasche

信用卡

die Kreditkarte

袋子

die Tasche

塑膠袋

die Plastiktüte

飲料

die Getränke

水

das Wasser

果汁

der Saft

牛奶

die Milch

可樂

die Cola

紅酒

der Wein

啤酒

das Bier

酒

der Alkohol

可可

der Kakao

茶

der Tee

咖啡

der Kaffee

義式濃縮咖啡

der Espresso

卡布奇諾

der Cappuccino

香蕉

die Banane

蘋果

der Apfel

柳丁

die Orange

西瓜

die Melone

檸檬

die Zitrone

胡蘿蔔

die Karotte

大蒜

der Knoblauch

竹子

der Bambus

洋蔥

die Zwiebel

蘑菇

der Pilz

堅果

die Nüsse

麵條

die Nudeln

義大利麵

die Spaghetti

米飯

der Reis

沙拉

der Salat

薯條

die Pommes frites

炸馬鈴薯

die Bratkartoffeln

披薩餅

die Pizza

漢堡

der Hamburger

三明治

das Sandwich

炸豬排

das Schnitzel

火腿

der Schinken

義大利臘腸

die Salami

香腸

die Wurst

雞肉

das Huhn

烤肉

der Braten

魚

der Fisch

燕麥片

die Haferflocken

木斯里

das Müsli

玉米片

die Cornflakes

麵粉

das Mehl

牛角麵包

das Croissant

麵包捲

das Brötchen

麵包

das Brot

吐司

der Toast

餅乾

die Kekse

奶油

die Butter

凝乳

der Quark

蛋糕

der Kuchen

蛋

das Ei

煎蛋

das Spiegelei

起司

der Käse

冰淇淋

die Eiscreme

糖

der Zucker

蜂蜜

der Honig

果醬

die Marmelade

巧克力醬

die Nougat-Creme

咖哩

das Curry

食物 - das Essen

農舍
das Bauernhaus

糧倉
die Scheune

稻草捆
der Strohballen

田野
das Feld

馬
das Pferd

拖車
der Anhänger

馬駒
das Fohlen

拖拉機
der Traktor

驢
der Esel

羊
das Schaf

羔羊
das Lamm

山羊
die Ziege

奶牛
die Kuh

小牛
das Kalb

豬
das Schwein

小豬
das Ferkel

公牛
der Bulle

鵝

die Gans

鴨

die Ente

小雞

das Küken

母雞

das Huhn

公雞

der Hahn

鼠

die Ratte

貓

die Katze

老鼠

die Maus

牛

der Ochse

狗

der Hund

狗屋

die Hundehütte

花園澆水軟管

der Gartenschlauch

澆水壺

die Gießkanne

長柄大鐮刀

die Sense

犁

der Pflug

鐮刀

die Sichel

鋤頭

die Hacke

長柄草耙

die Mistgabel

斧頭

die Axt

獨輪手推車

die Schubkarre

飼料槽

der Trog

牛奶罐

die Milchkanne

麻布袋

der Sack

柵欄

der Zaun

馬廄

der Stall

溫室

das Treibhaus

土壤

der Boden

種子

die Saat

肥料

der Dünger

聯合收割機

der Mähdrescher

農場 - der Bauernhof

收割
ernten

收割
die Ernte

地瓜
die Yamswurzel

小麥
der Weizen

大豆
das Soja

土豆
die Kartoffel

玉米
der Mais

油菜籽
der Raps

果樹
der Obstbaum

樹薯
der Maniok

穀物
das Getreide

房子
das Haus

煙囪
der Schornstein

屋頂
das Dach

落水管
die Regenrinne

窗戶
das Fenster

車庫
die Garage

門鈴
die Klingel

門
die Tür

垃圾桶
der Mülleimer

信箱
der Briefkasten

花園
der Garten

客廳
das Wohnzimmer

浴室
das Badezimmer

廚房
die Küche

臥室
das Schlafzimmer

兒童房
das Kinderzimmer

餐廳
das Esszimmer

地板
der Boden

牆壁
die Wand

天花板
die Decke

地窖
der Keller

三溫暖
die Sauna

陽臺
der Balkon

露臺
die Terrasse

游泳池
das Schwimmbad

割草機
der Rasenmäher

被單
der Bettbezug

床罩
die Bettdecke

床
das Bett

掃帚
der Besen

水桶
der Eimer

開關
der Schalter

das Wohnzimmer

壁紙
die Tapete

相片
das Bild

檯燈
die Lampe

擱架
das Regal

櫥櫃
der Schrank

壁爐
der Kamin

電視
der Fernseher

花
die Blume

墊子
das Kissen

沙發
das Sofa

花瓶
die Vase

遙控器
die Fernbedienung

地毯
der Teppich

窗簾
der Vorhang

餐桌
der Tisch

椅子
der Stuhl

搖椅
der Schaukelstuhl

扶手椅
der Sessel

書

das Buch

毯子

die Decke

裝飾品

die Dekoration

木柴

das Feuerholz

電影

der Film

高傳真音響

die Stereoanlage

鑰匙

der Schlüssel

報紙

die Zeitung

油畫

das Gemälde

海報

das Poster

收音機

das Radio

筆記本

der Notizblock

吸塵器

der Staubsauger

仙人掌

der Kaktus

蠟燭

die Kerze

冰箱
der Kühlschrank

微波爐
die Mikrowelle

廚房秤
die Küchenwaage

洗潔精
das Reinigungsmittel

烤麵包機
der Toaster

烤箱
der Backofen

冰櫃
das Gefrierfach

垃圾桶
der Mülleimer

洗碗機
der Geschirrspüler

炊具
der Herd

鍋
der Topf

鑄鐵鍋
der Eisentopf

炒鍋
der Wok / Kadai

平底鍋
die Pfanne

水壺
der Wasserkocher

蒸鍋

der Dampfgarer

烤盤

das Backblech

陶瓷鍋

das Geschirr

馬克杯

der Becher

碗

die Schale

筷子

die Essstäbchen

長柄勺

die Suppenkelle

鏟子

der Pfannenwender

攪拌器

der Schneebesen

濾網

das Kochsieb

篩子

das Sieb

磨碎機

die Reibe

研缽

der Mörser

燒烤

der Grill

明火

die Feuerstelle

菜板

das Schneidebrett

擀麵杖

das Nudelholz

開瓶器

der Korkenzieher

罐子

die Dose

開罐器

der Dosenöffner

隔熱手套

der Topflappen

水槽

das Waschbecken

刷子

die Bürste

海綿

der Schwamm

攪拌機

der Mixer

冷藏箱

die Gefriertruhe

奶瓶

die Babyflasche

水龍頭

der Wasserhahn

廚房 - die Küche

供暖裝置
die Heizung

淋浴
die Dusche

毛巾
das Handtuch

浴簾
der Duschvorhang

泡沫浴
das Schaumbad

浴缸
die Badewanne

玻璃杯
das Glas

洗衣機
die Waschmaschine

水龍頭
der Wasserhahn

瓷磚
die Fliesen

便壺
das Töpfchen

水槽
das Waschbecken

廁所
die Toilette

蹲便器
die Hocktoilette

坐浴器
das Bidet

小便斗
das Pissoir

廁紙
das Toilettenpapier

馬桶刷
die Toilettenbürste

牙刷

die Zahnbürste

牙膏

die Zahnpasta

牙線

die Zahnseide

洗

waschen

手持式蓮蓬頭

die Handbrause

沖洗器

die Intimdusche

洗臉盆

die Waschschüssel

洗背刷

die Rückenbürste

肥皂

die Seife

沐浴露

das Duschgel

洗髮乳

das Shampoo

法蘭絨

der Waschlappen

排水

der Abfluss

乳霜

die Creme

除臭劑

das Deodorant

浴室 - das Badezimmer

鏡子

der Spiegel

手鏡

der Kosmetikspiegel

刮鬍刀

der Rasierer

刮鬍泡沫

der Rasierschaum

鬍後水

das Rasierwasser

梳子

der Kamm

刷子

die Bürste

吹風機

der Föhn

噴髮定型劑

das Haarspray

化妝品

das Makeup

唇膏

der Lippenstift

指甲油

der Nagellack

化妝棉

die Watte

指甲剪

die Nagelschere

香水

das Parfum

洗漱包

der Kulturbeutel

凳子

der Hocker

計重秤

die Waage

浴袍

der Bademantel

橡膠手套

die Gummihandschuhe

衛生棉條

das Tampon

衛生棉

die Damenbinde

化學廁所

die Chemietoilette

鬧鐘
der Wecker

毛絨玩具
das Kuscheltier

玩具車
das Spielzeugauto

撥浪鼓
die Rassel

玩具屋
das Puppenhaus

禮物
das Geschenk

氣球
der Ballon

床
das Bett

嬰兒車
der Kinderwagen

撲克牌
das Kartenspiel

拼圖
das Puzzle

漫畫
der Comic

樂高積木
die Legosteine

積木玩具
die Bausteine

公仔
die Action Figur

嬰兒服
der Strampelanzug

飛盤
das Frisbee

床鈴玩具
das Mobile

棋盤遊戲
das Brettspiel

骰子
der Würfel

火車模型
die Modelleisenbahn

安撫奶嘴
der Schnuller

派對
die Party

繪本
das Bilderbuch

球
der Ball

洋娃娃
die Puppe

玩
spielen

沙坑
der Sandkasten

鞦韆
die Schaukel

玩具
das Spielzeug

電玩遊戲
die Spielkonsole

三輪車
das Dreirad

泰迪熊
der Teddy

衣櫃
der Kleiderschrank

衣服
die Kleidung

襪子
die Socken

長襪
die Strümpfe

緊身褲
die Strumpfhose

圍巾
der Schal

雨傘
der Regenschirm

T恤
das T-Shirt

皮帶
der Gürtel

運動鞋
die Turnschuhe

靴子
der Stiefel

拖鞋
die Hausschuhe

涼鞋
die Sandalen

鞋
die Schuhe

雨靴
die Gummistiefel

內褲
die Unterhose

胸罩
der Büstenhalter

背心
das Unterhemd

衣服 - die Kleidung

45

身體
der Body

褲子
die Hose

牛仔褲
die Jeans

短裙
der Rock

女式襯衫
die Bluse

襯衫
das Hemd

套頭衫
der Pullover

連帽上衣
der Kapuzenpullover

西裝夾克
der Blazer

夾克
die Jacke

外套
der Mantel

雨衣
der Regenmantel

套裝
das Kostüm

連衣裙
das Kleid

婚紗
das Hochzeitskleid

西裝

der Anzug

睡袍

das Nachthemd

睡衣

der Schlafanzug

莎麗

der Sari

頭巾

das Kopftuch

包頭巾

der Turban

波卡

die Burka

卡夫坦

der Kaftan

(阿拉伯式)長袍

die Abaya

泳衣

der Badeanzug

男式泳褲

die Badehose

短褲

die kurze Hose

運動服

der Trainingsanzug

圍裙

die Schürze

手套

die Handschuhe

鈕扣

der Knopf

眼鏡

die Brille

手鏈

das Armband

項鍊

die Halskette

戒指

der Ring

耳環

der Ohrring

便帽

die Mütze

衣架

der Kleiderbügel

帽子

der Hut

領帶

die Krawatte

拉鍊

der Reißverschluss

安全帽

der Helm

背帶

der Hosenträger

校服

die Schuluniform

制服

die Uniform

圍兜
das Lätzchen

安撫奶嘴
der Schnuller

尿布
die Windel

伺服器
der Server

檔案櫃
der Aktenschrank

印表機
der Drucker

螢幕
der Monitor

紙
das Papier

辦公桌
der Schreibtisch

滑鼠
die Maus

資料夾
der Ordner

鍵盤
die Tastatur

廢紙簍
der Papierkorb

電腦
der Computer

椅子
der Stuhl

咖啡杯
der Kaffeebecher

計算機
der Taschenrechner

網際網路
das Internet

筆記型電腦
der Laptop

信件
der Brief

簡訊
die Nachricht

行動電話
das Handy

網路
das Netzwerk

影印機
der Kopierer

軟體
die Software

電話
das Telefon

插座
die Steckdose

傳真機
das Fax

表格
das Formular

檔案
das Dokument

買
kaufen

付錢
bezahlen

交易
handeln

現金
das Geld

美元
der Dollar

歐元
der Euro

日元
der Yen

盧布
der Rubel

瑞士法郎
der Franken

人民幣
der Renminbi Yuan

盧比
die Rupie

提款處
der Geldautomat

外幣兌換處

die Wechselstube

金

das Gold

銀

das Silber

石油

das Öl

能源

die Energie

價格

der Preis

合約

der Vertrag

稅金

die Steuer

股票

die Aktie

工作

arbeiten

職員

der Angestellte

老闆

der Arbeitgeber

工廠

die Fabrik

商店

das Geschäft

警官
der Polizist

消防員
der Feuerwehrmann

廚師
der Koch

醫師
der Arzt

飛行員
der Pilot

園丁
der Gärtner

木匠
der Tischler

裁縫
die Näherin

法官
der Richter

化學家
der Chemiker

演員
der Schauspieler

公車司機

der Busfahrer

計程車司機

der Taxifahrer

漁夫

der Fischer

清洗女工

die Putzfrau

屋頂工

der Dachdecker

服務生

der Kellner

獵人

der Jäger

畫家

der Maler

麵包師

der Bäcker

電工

der Elektriker

建築工人

der Bauarbeiter

工程師

der Ingenieur

屠夫

der Schlachter

水管工

der Klempner

郵差

der Postbote

士兵

der Soldat

建築師

der Architekt

收銀員

der Kassierer

花農

der Florist

理髮師

der Friseur

售票員

der Schaffner

機械技師

der Mechaniker

船長

der Kapitän

牙醫

der Zahnarzt

科學家

der Wissenschaftler

拉比

der Rabbi

伊瑪目

der Imam

和尚

der Mönch

牧師

der Geistliche

鐵錘
der Hammer

鉗子
die Zange

螺絲起子
der Schraubendreher

扳手
der Schraubenschlüssel

手電筒
die Taschenlam

挖掘機

der Bagger

工具箱

der Werkzeugkasten

梯子

die Leiter

鋸子

die Säge

釘子

die Nägel

鑽機

der Bohrer

修
reparieren

鏟子
die Schaufel

糟糕！
Mist!

畚箕
das Kehrblech

油漆桶
der Farbtopf

螺絲
die Schrauben

樂器
die Musikinstrumente

揚聲器
der Lautsprecher

打擊樂器
das Schlagzeug

吉他
die Gitarre

低音提琴
der Kontrabass

小號
die Trompete

鋼琴
das Klavier

小提琴
die Violine

貝斯
der Bass

定音鼓
die Pauke

鼓
die Trommeln

電子琴
das Keyboard

薩克斯風
das Saxophon

長笛
die Flöte

麥克風
das Mikrofon

入口
der Eingang

老虎
der Tiger

籠子
der Käfig

斑馬
das Zebra

動物飼料
das Tierfutter

熊貓
der Panda

動物

die Tiere

大象

der Elefant

袋鼠

das Känguruh

犀牛

das Nashorn

大猩猩

der Gorilla

熊

der Bär

駱駝

das Kamel

鴕鳥

der Strauß

獅子

der Löwe

猴子

der Affe

紅鶴

der Flamingo

鸚鵡

der Papagei

北極熊

der Eisbär

企鵝

der Pinguin

鯊魚

der Hai

孔雀

der Pfau

蛇

die Schlange

鱷魚

das Krokodil

動物園管理員

der Zoowärter

海豹

die Robbe

美洲豹

der Jaguar

矮種馬

das Pony

豹

der Leopard

河馬

das Nilpferd

長頸鹿

die Giraffe

老鷹

der Adler

野豬

das Wildschwein

魚

der Fisch

龜

die Schildkröte

海象

das Walross

狐狸

der Fuchs

羚羊

die Gazelle

橄欖球
das American Football

騎腳踏車
das Radfahren

網球
das Tennis

籃球
der Basketball

游泳
das Schwimmen

冰球
das Eishockey

拳擊
das Boxen

美式足球
der Fußball

羽毛球
das Badminton

田徑
die Leichtathletik

手球
der Handball

滑雪
das Skilaufen

馬球
das Polo

跳
springen

擁抱
umarmen

笑
lachen

走路
gehen

唱
singen

祈禱
beten

親吻
küssen

做夢
träumen

書寫
schreiben

畫
zeichnen

展示
zeigen

推
drücken

給
geben

拿
nehmen

有
....
haben

做
....
tun

當
....
sein

站
....
stehen

跑
....
laufen

拉
....
ziehen

丟
....
werfen

摔倒
....
fallen

躺
....
liegen

等待
....
warten

攜帶
....
tragen

坐
....
sitzen

穿衣
....
anziehen

睡覺
....
schlafen

醒來
....
aufwachen

看
ansehen

哭
weinen

擊
streicheln

梳頭
kämmen

交談
reden

明白
verstehen

問
fragen

聽
hören

喝
trinken

吃
essen

清理
aufräumen

愛
lieben

做飯
kochen

開車
fahren

飛
fliegen

航行

segeln

計算

rechnen

讀

lesen

學習

lernen

工作

arbeiten

結婚

heiraten

縫

nähen

刷牙

Zähne putzen

殺

töten

抽菸

rauchen

寄

senden

die Familie

祖母
e Großmutter

祖父
der Großvater

父親
der Vater

母親
die Mutter

嬰兒
das Baby

女兒
die Tochter

兒子
der Sohn

客人
der Gast

阿姨
die Tante

叔叔
der Onkel

兄弟
der Bruder

姐妹
die Schwester

前額
die Stirn

眼睛
das Auge

肩膀
die Schulter

手指
der Finger

臉
das Gesicht

下巴
das Kinn

手
die Hand

乳房
die Brust

腿
das Bein

手臂
der Arm

嬰兒
das Baby

男人
der Mann

女人
die Frau

女孩
das Mädchen

男孩
der Junge

頭
der Kopf

背部
der Rücken

肚子
der Bauch

肚臍
der Nabel

腳趾
der Zeh

腳後跟
die Ferse

骨頭
der Knochen

臀部
die Hüfte

膝蓋
das Knie

手肘
der Ellenbogen

鼻子
die Nase

屁股
das Gesäß

皮膚
die Haut

臉頰
die Wange

耳朵
das Ohr

嘴唇
die Lippe

身體 - der Körper

嘴
der Mund

牙齒
der Zahn

舌頭
die Zunge

腦
das Gehirn

心臟
das Herz

肌肉
der Muskel

肺
die Lunge

肝臟
die Leber

胃
der Magen

腎臟
die Nieren

性交
der Geschlechtsverkehr

保險套
das Kondom

卵子
die Eizelle

精子
das Sperma

懷孕
die Schwangerschaft

月事

die Menstruation

陰道

die Vagina

陰莖

der Penis

眉毛

die Augenbraue

頭髮

das Haar

脖子

der Hals

身體 - der Körper

醫院
das Krankenhaus

急救車
der Krankenwagen

輪椅
der Rollstuhl

骨折
der Bruch

醫師
der Arzt

急診室
die Notaufnahme

護理師
die Krankenschwester

緊急情形
der Notfall

昏迷
ohnmächtig

痛
der Schmerz

受傷
die Verletzung

出血
die Blutung

心臟病發作
der Herzinfarkt

中風
der Schlaganfall

過敏
die Allergie

咳嗽
der Husten

發燒
das Fieber

流感
die Grippe

腹瀉
der Durchfall

頭痛
die Kopfschmerzen

癌症
der Krebs

糖尿病
die Diabetis

外科醫師
der Chirurg

手術刀
das Skalpell

手術
die Operation

電腦斷層掃描

das CT

X光

das Röntgen

超音波

das Ultraschall

口罩

die Maske

疾病

die Krankheit

候診室

das Wartezimmer

拐杖

die Krücke

石膏

das Pflaster

繃帶

der Verband

注射

die Injektion

聽診器

das Stethoskop

擔架

die Trage

體溫計

das Thermometer

出生

die Geburt

超重

das Übergewicht

助聽器

das Hörgerät

消毒液

das Desinfektionsmittel

感染

die Infektion

病毒

das Virus

愛滋病

das HIV / AIDS

藥物

die Medizin

接種疫苗

die Impfung

藥片

die Tabletten

藥丸

die Pille

急救電話

der Notruf

血壓計

das Blutdruck-Messgerät

生病/健康

krank / gesund

救命！
Hilfe!

警報
der Alarm

突擊
der Überfall

攻擊
der Angriff

危險
die Gefahr

緊急出口
der Notausgang

失火了！
Feuer!

滅火器
der Feuerlöscher

意外
der Unfall

急救箱
der Erste-Hilfe-Koffer

呼救訊號
SOS

員警
die Polizei

歐洲

das Europa

北美洲

das Nordamerika

南美洲

das Südamerika

非洲

das Afrika

亞洲

das Asien

澳洲

das Australien

大西洋

der Atlantik

太平洋

der Pazifik

印度洋

der Indische Ozean

南冰洋

der Antarktische Ozean

北冰洋

der Arktische Ozean

北極

der Nordpol

南極
der Südpol

南極洲
die Antarktis

地球
die Erde

陸地
das Land

海
das Meer

島
die Insel

國家
die Nation

州
der Staat

錶盤

das Zifferblatt

時針

der Stundenzeiger

分針

der Minutenzeiger

秒針

der Sekundenzeiger

現在幾點？

Wie spät ist es?

天

der Tag

時間

die Zeit

現在

jetzt

電子錶

die Digitaluhr

分

die Minute

時

die Stunde

週一 der Montag

週三 der Mittwoch

週五 der Freitag

週二 der Dienstag

週四 der Donnerstag

週六 der Samstag

週日 der Sonntag

昨天
gestern

今天
heute

明天
morgen

早晨
der Morgen

中午
der Mittag

晚上
der Abend

工作日
die Arbeitstage

週末
das Wochenende

雨
der Regen

彩虹
der Regenbogen

雪
der Schnee

風
der Wind

春
der Frühling

秋
der Herbst

夏
der Sommer

冬
der Winter

天氣預告
die Wettervorhersage

溫度計
das Thermometer

陽光
der Sonnenschein

雲
die Wolke

霧
der Nebel

潮濕
die Luftfeuchtigkeit

閃電
....
der Blitz

打雷
....
der Donner

風暴
....
der Sturm

冰雹
....
der Hagel

季風
....
der Monsun

洪水
....
die Flut

冰
....
das Eis

一月
....
der Januar

二月
....
der Februar

三月
....
der März

四月
....
der April

五月
....
der Mai

六月
....
der Juni

七月
....
der Juli

八月
....
der August

九月

der September

十月

der Oktober

十一月

der November

十二月

der Dezember

形狀
die Formen

圓形

der Kreis

正方形

das Quadrat

長方形

das Rechteck

三角形

das Dreieck

球體

die Kugel

立方體

der Würfel

白

weiß

黃

gelb

橙

orange

粉

pink

紅

rot

紫

lila

藍

blau

綠

grün

棕

braun

灰

grau

黑

schwarz

很多/少許

viel / wenig

生氣/平靜

wütend / friedlich

美/醜

hübsch / hässlich

首/尾

der Anfang / das Ende

大/小

groß / klein

明/暗

hell / dunkel

兄弟/姐妹

er Bruder / die Schwester

乾淨/骯髒

sauber / schmutzig

完整/缺失

vollständig / unvollständig

白天/晚上

der Tag / die Nacht

死/生

tot / lebendig

寬/窄

breit / schmal

可食用/非食用

genießbar / ungenießbar

邪惡/善良

böse / freundlich

興奮/無聊

aufgeregt / gelangweilt

胖/瘦

dick / dünn

第一/最後

zuerst / zuletzt

朋友/敵人

der Freund / der Feind

滿/空

voll / leer

硬/軟

hart / weich

重/輕

schwer / leicht

餓/渴

der Hunger / der Durst

生病/健康

krank / gesund

非法/合法

illegal / legal

聰明/愚笨

intelligent / dumm

左/右

links / rechts

近/遠

nah / fern

新/舊

neu / gebraucht

沒有/有些

nichts / etwas

老/幼

alt / jung

開/關

an / aus

打開/闔上

offen / geschlossen

安靜/吵鬧

leise / laut

富/窮

reich / arm

對/錯

richtig / falsch

粗糙/光滑

rau / glatt

傷心/高興

traurig / glücklich

短/長

kurz / lang

慢/快

langsam / schnell

濕/乾

nass / trocken

溫暖/涼爽

warm / kühl

戰爭/和平

der Krieg / der Frieden

數字
die Zahlen

0

零

null

1

一

eins

2

二

zwei

3

三

drei

4

四

vier

5

五

fünf

6

六

sechs

7

七

sieben

8

八

acht

9

九

neun

10

十

zehn

11

十一

elf

88   數字 - die Zahlen

12
十二
zwölf

13
十三
dreizehn

14
十四
vierzehn

15
十五
fünfzehn

16
十六
sechzehn

17
十七
siebzehn

18
十八
achtzehn

19
十九
neunzehn

20
二十
zwanzig

100
百
hundert

1.000
千
tausend

1.000.000
百萬
million

英語

Englisch

美式英語

Amerikanisches Englisch

普通話

Chinesisch Mandarin

印地語

Hindi

西班牙語

Spanisch

法語

Französisch

阿拉伯語

Arabisch

俄語

Russisch

葡萄牙語

Portugiesisch

孟加拉語

Bengalisch

德語

Deutsch

日語

Japanisch

我

ich

你

du

他/她/它

er / sie / es

我們

wir

你們

ihr

他們

sie

誰？

wer?

什麼？

was?

如何？

wie?

何處？

wo?

何時？

wann?

名字

Name

後面

hinter

裡面

in

前面

vor

上方

über

上面

auf

下麵

unter

旁邊

neben

中間

zwischen

地點

der Ort